Disney • Pixar Cars Easy Piano Collection

ISBN 978-1-5400-0424-6

Disney/Pixar elements © Disney/Pixar

7777 W. BLUEMOUND RD. P.O. BOX 13819 MILWAUKEE, WI 53213

In Australia Contact:
Hal Leonard Australia Pty. Ltd.
4 Lentara Court
Cheltenham, Victoria, 3192 Australia
Email: ausadmin@halleonard.com.au

Visit Hal Leonard Online at
www.halleonard.com

FIND YOURSELF
from CARS

Words and Music by
BRAD PAISLEY

Moderately slow, in 2

When you | find | your - self ___ | | in some
make | new | friends ___ | | in a
meet | the | one ___ | | that you've been

far - off place | and it | caus - es you ___
brand - new town | and you | start to think ___
wait - ing for, | and she's | ev - 'ry - thing ___

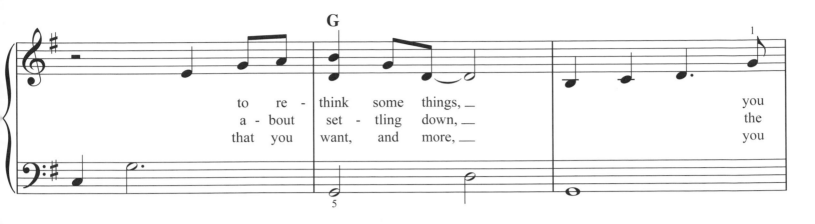

to re - think some things, __ you
a - bout set - tling down, __ the
that you want, and more, __ you

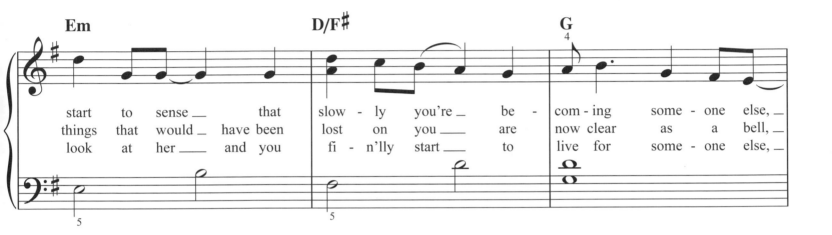

start to sense __ that slow - ly you're __ be - com - ing some - one else,
things that would __ have been lost on you __ are now clear as a bell, __
look at her __ and you fi - n'lly start __ to live for some - one else, __

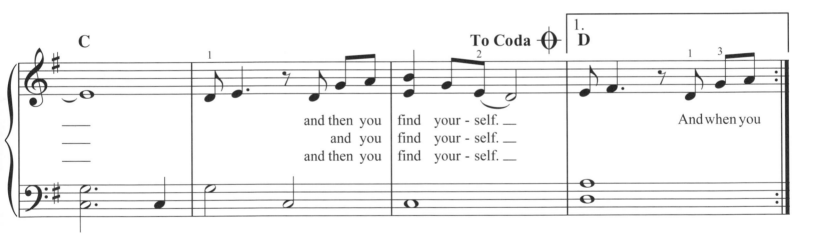

To Coda

and then you find your - self. __
and you find your - self. __
and then you find your - self. __

And when you

Yeah, that's when you find your - self. __ Well, you go through

life so sure _ of where _ you're head - ing, and you

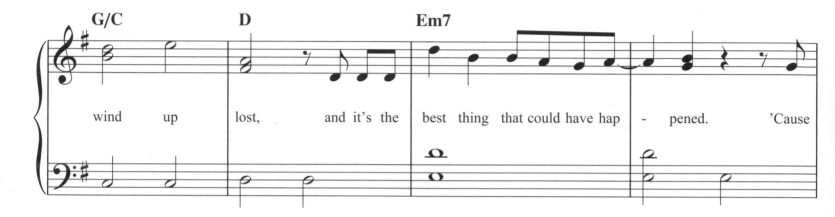

wind up lost, and it's the best thing that could have hap - pened. 'Cause

some-times when _ you lose _ your way, _ it's real - ly just _ as well,

_ be-cause you find your-self, _ yeah, that's when you find _

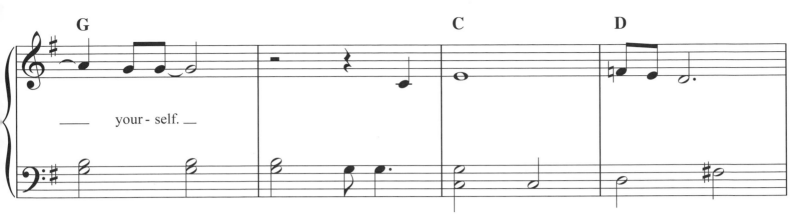

your-self.

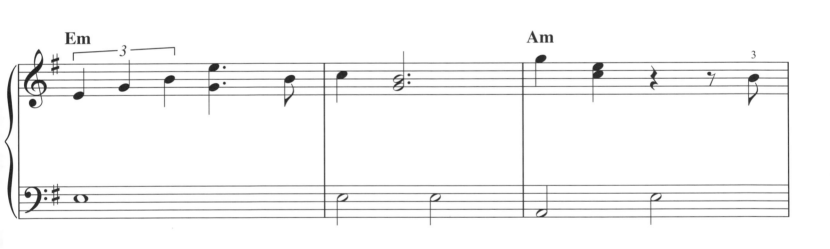

D.S. al Coda

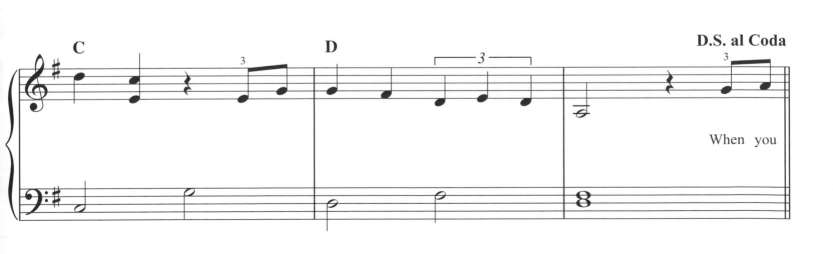

When you

Yeah, that's when you find ____ your - self. ____ And we

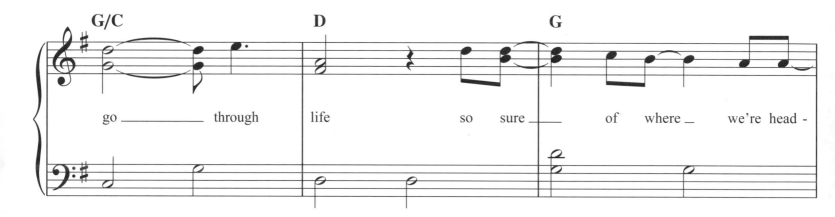

go _____ through life so sure ____ of where __ we're head -

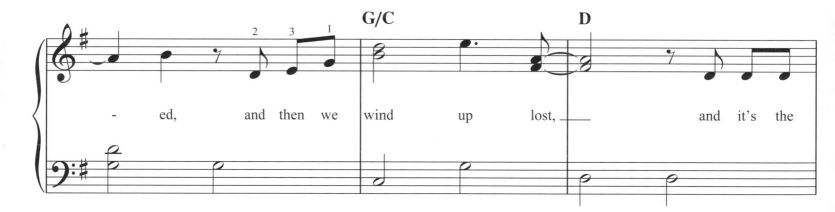

- ed, and then we wind up lost, ____ and it's the

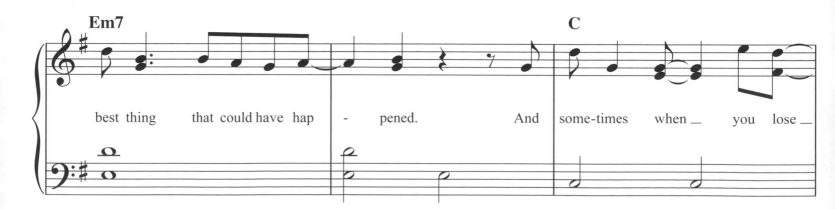

best thing that could have hap - pened. And some-times when __ you lose __

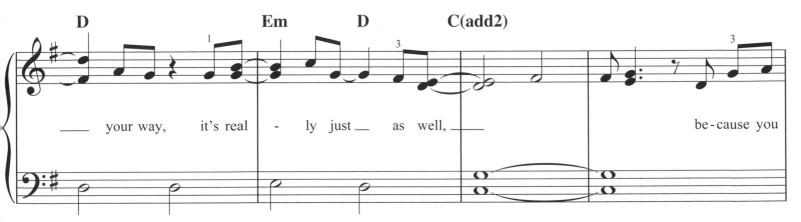

your way,   it's real - ly just ___ as well, ___   be-cause you

find your - self, ___   yeah, that's when you find your - self. ___

LIFE IS A HIGHWAY

featured in CARS

Words and Music by
TOM COCHRANE

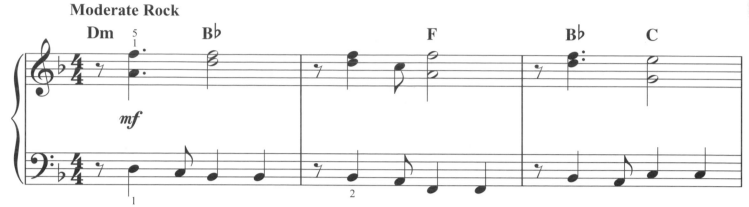

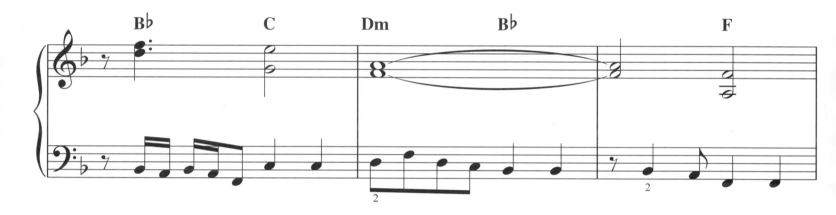

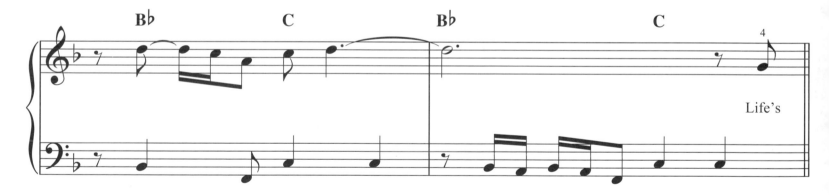

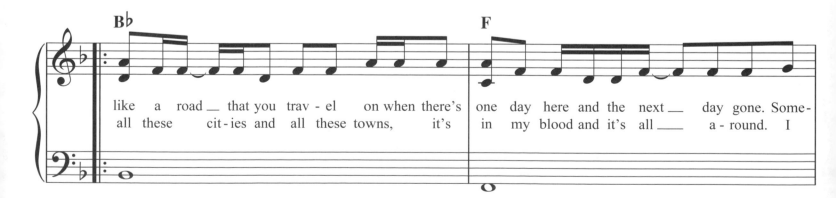

like a road __ that you trav - el on when there's
all these cit-ies and all these towns, it's

one day here and the next __ day gone. Some-
in my blood and it's all ___ a - round. I

times you bend ___ and some-times you stand. Some - times you turn ___ your back to the wind. There's a
love you now ___ like I loved you then. This is the road ___ and these are the hands. From

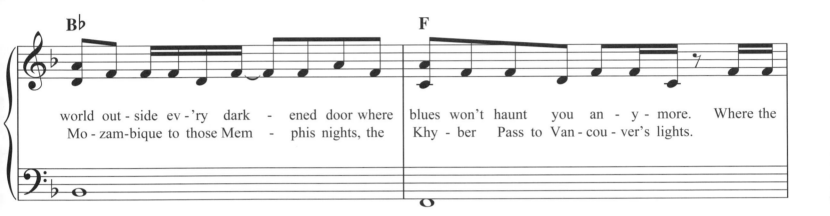

world out-side ev-'ry dark - ened door where blues won't haunt you an-y-more. Where the
Mo-zam-bique to those Mem - phis nights, the Khy-ber Pass to Van-cou-ver's lights.

brave are free and lov - ers soar, come ride with me to the dis - tant shore.
Knock me down, get up ___ a - gain, you're in my blood. I'm not a lone - ly man.

We won't hes - i - tate to break down the gar-den gate. There's not much time left to-
There's no load I can't hold. Road so rough, this I know. I'll be there when the light comes in. Just

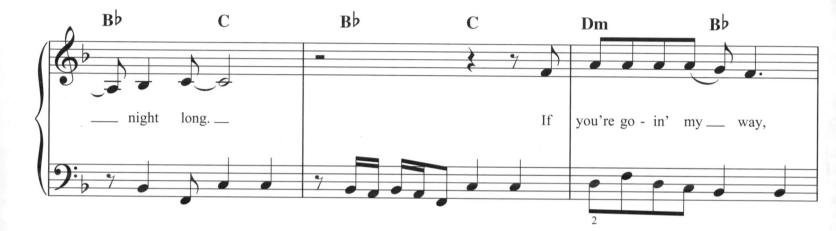

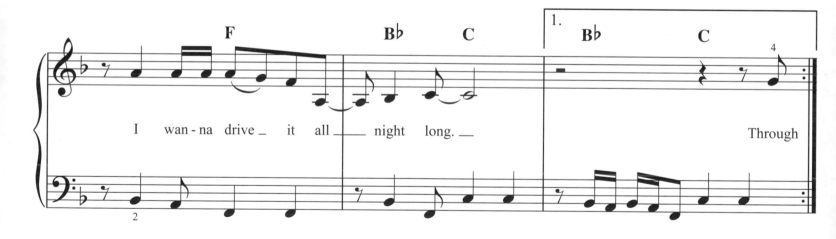

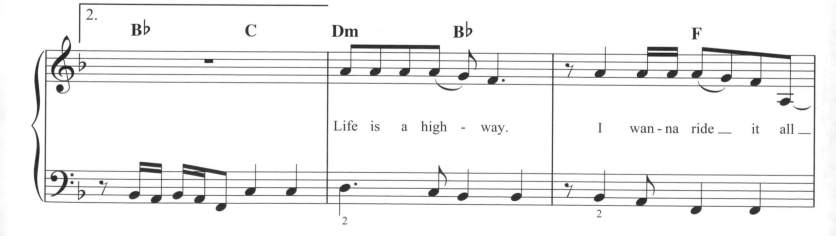

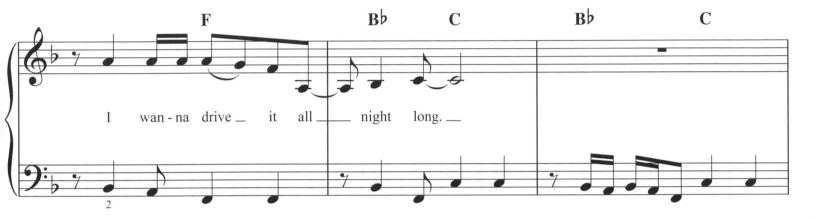

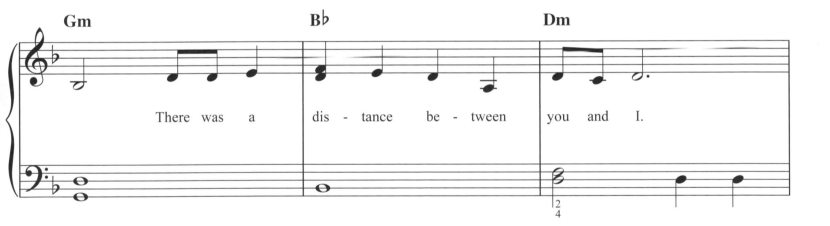

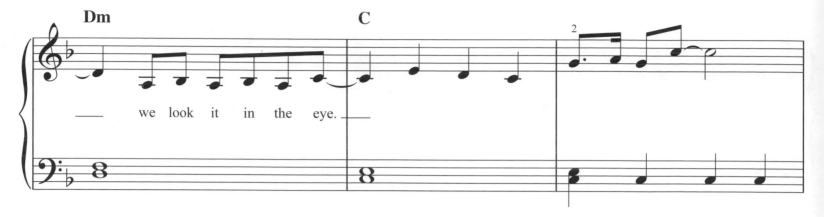

we look it in the eye.

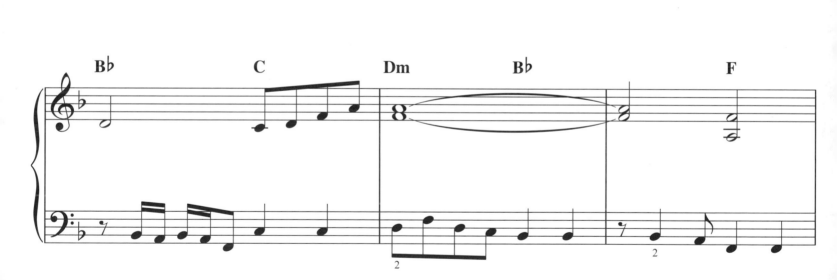

There ain't no load that I ____ can't hold.

Road so rough, __ this I know. I'll be there __ when the light __ comes in. Just

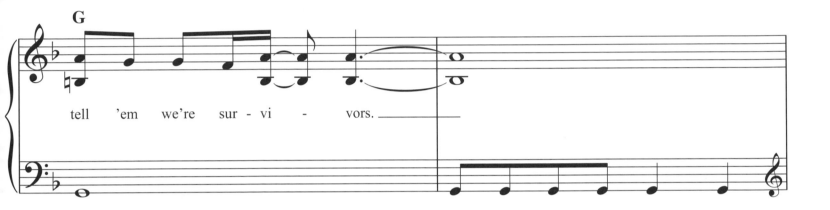

tell 'em we're sur - vi - vors. __

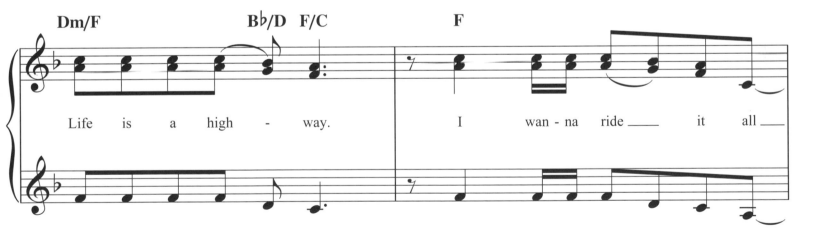

Life is a high - way. I wan - na ride __ it all __

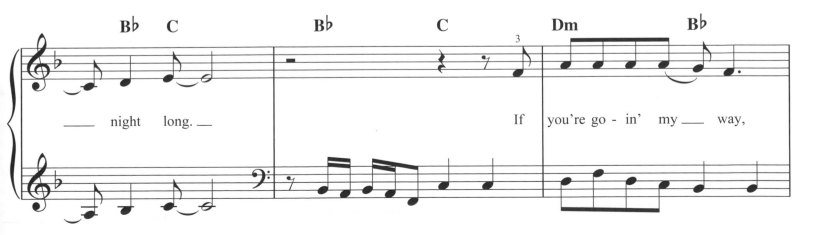

__ night long. __ If you're go - in' my __ way,

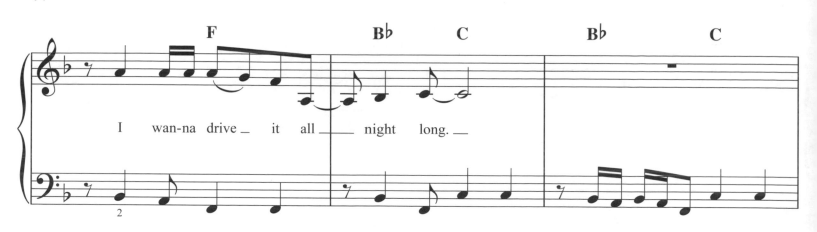

I wan-na drive _ it all _ night long. _

Life is a high - way. I wan-na ride _ it all _ night long. _

If you're go - in' my _ way, I wan-na drive _ it all _

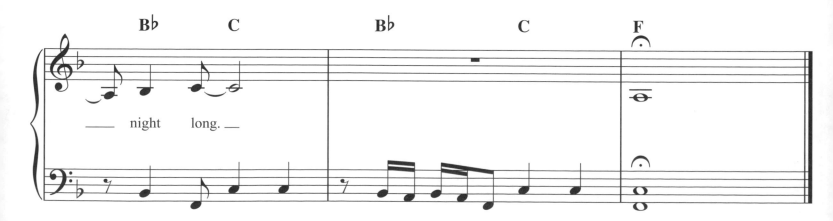

_ night long. _

REAL GONE

from CARS

Words and Music by SHERYL CROW
and JOHN SHANKS

Moderately fast

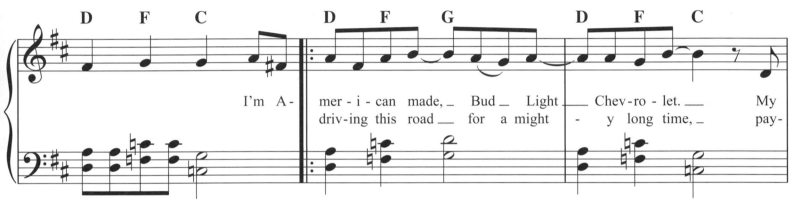

I'm A- / mer-i-can made, _ Bud _ Light _ Chev-ro-let. _ My
driv-ing this road _ for a might - y long time, _ pay-

ma-ma taught me wrong from _ right. _
- ing no mind _ to the signs. _

I was born in the south; _ some-times I
Well, this neigh-bor-hood's changed; _ it's all been _

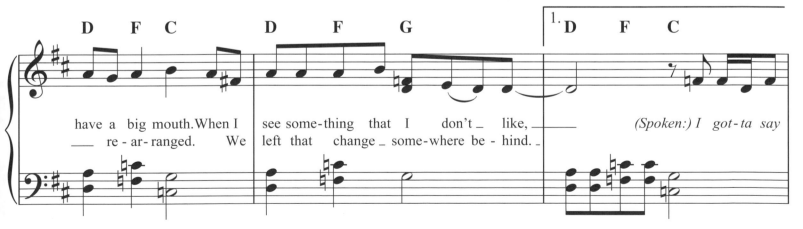

have a big mouth. When I
_ re-ar-ranged.   We

see some-thing that I don't _ like,
left that change _ some-where be-hind. _

(Spoken:) I got-ta say

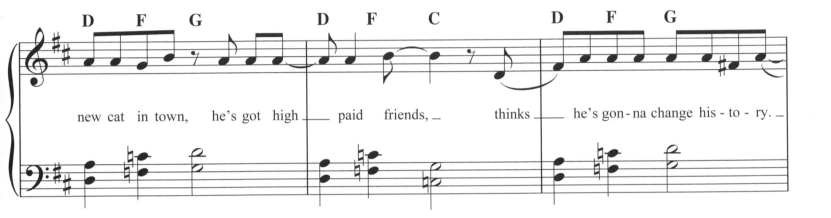

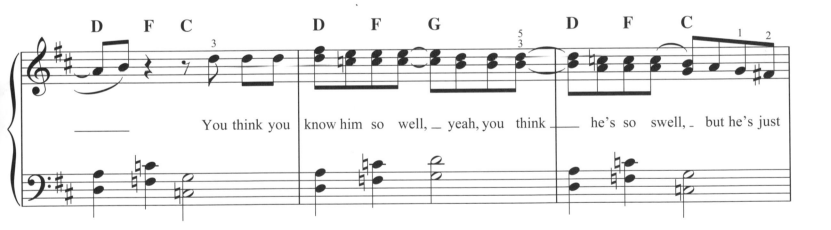

18

gon - na crash. ___ Ba - by, you were scream-in' it's a blast, ___ blast, blast. ___

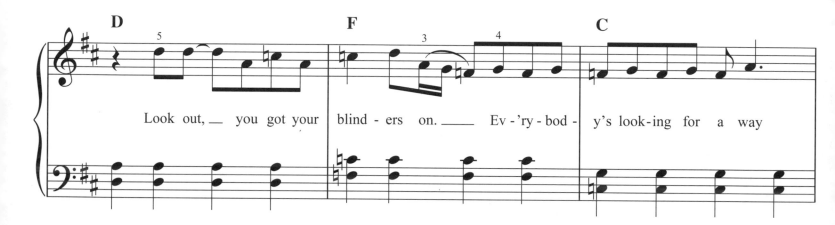

Look out, ___ you got your blind - ers on. ___ Ev - 'ry-bod - y's look-ing for a way

to get real gone. ___ Real gone.

Real gone.

D   **F**   **C**   **D**   **F**   **G**   **D**   **F**   **C**

Well, you can

N.C.

say what you want, _ but you can't say it 'round here, 'cause they'll catch you and give _ you a whip-

pin'.   Well, I be - lieve I was right _ when I said _____ you were wrong. _ You did-

n't like the sound of that,   now did ya?   Slow down,   we're

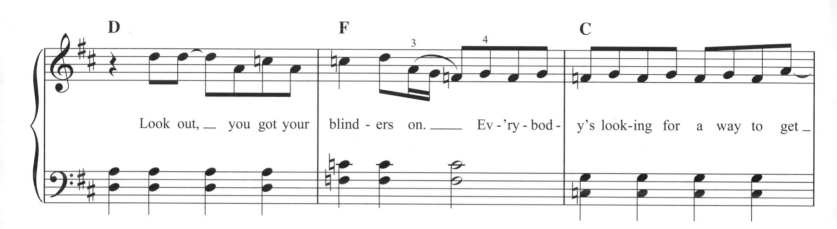

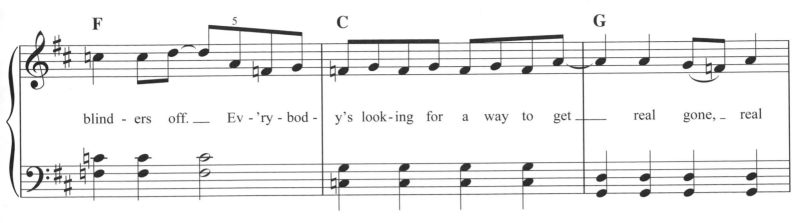

blind - ers off. __ Ev -'ry - bod - y's look-ing for a way to get __ real gone, __ real

gone. __   Get real gone. __

Ooh.   Real

gone. __   Real gone.

COLLISION OF WORLDS
from CARS 2

Words and Music by BRAD PAISLEY
and ROBBIE WILLIAMS

Moderately fast

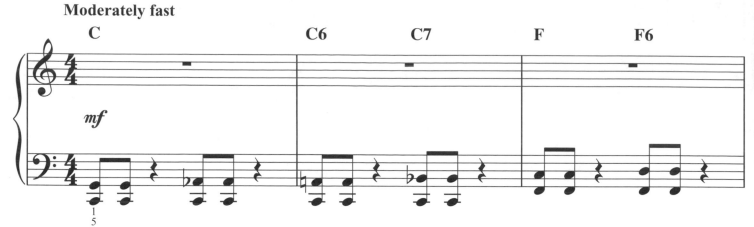

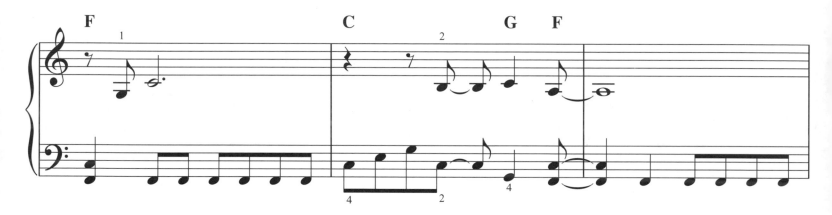

At the | first sign   of the morn-in' light __ Old

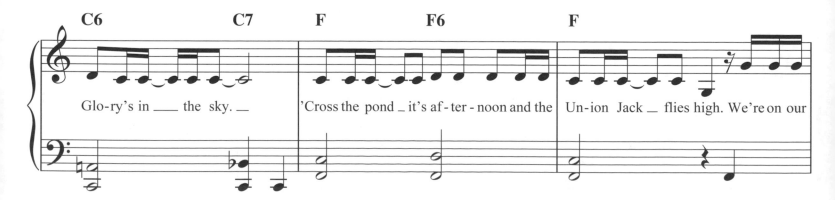

Glo-ry's in __ the sky. __ | 'Cross the pond __ it's af-ter-noon and the | Un-ion Jack __ flies high. We're on our

first cup of cof-fee, we're on our third cup of tea. And we can't pre-tend to live on dif-f'rent

plan-ets, you and me. In this col-li-sion of worlds, _____ watch the new _

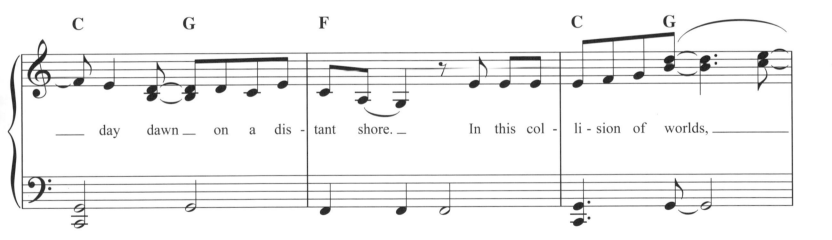

_ day dawn _ on a dis-tant shore. _ In this col-li-sion of worlds, _____

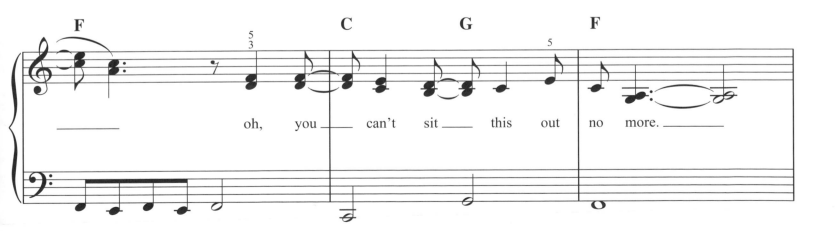

_____ oh, you _ can't sit _ this out no more. _____

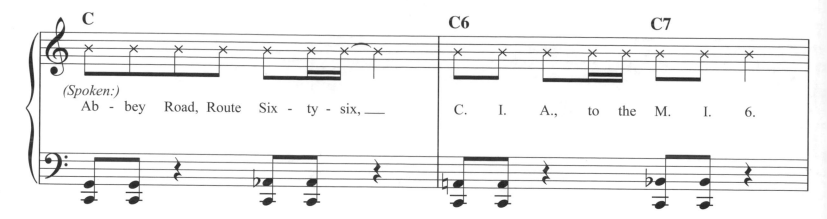

C　　　　　　　　　　**C6**　　**C7**

(Spoken:)
Ab - bey Road, Route Six - ty - six, ___　C. I. A., to the M. I. 6.

F　　**F6**　　**F**

Right lane, left lane, met - ric, im - per - i - al.　Pounds, dol - lars, how - dy, cheer - i - o. And

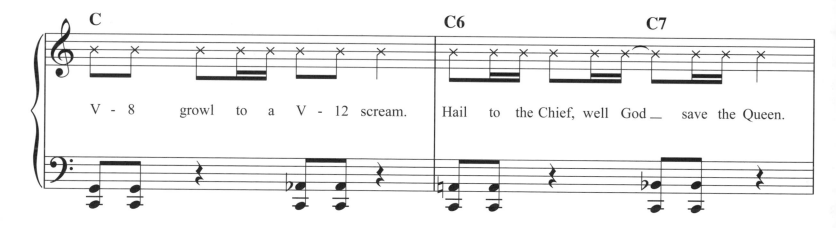

C　　　　　　**C6**　　**C7**

V - 8　growl to a V - 12 scream.　Hail to the Chief, well God __ save the Queen.

F　　**F6**　　**F**

Cops, bob - bies, Ta - bas - co, Wa - sa - be, pis - ta - chio　　　*(Sung:)* ice cream. In this col -

li - sion of worlds, _____ _____ well it's too _____ late and you _____ can't stop _____

_____ it now. _____ In this col - li - sion of worlds, _____ _____ yeah, find _____

_____ you a place _____ and just watch it now, watch _____ it now.

Yeah, you're a good ol' boy, __ well, you're a de-cent bloke. I say it's

i - ron - y, I say it's a joke. __ When I look a - round, __ now

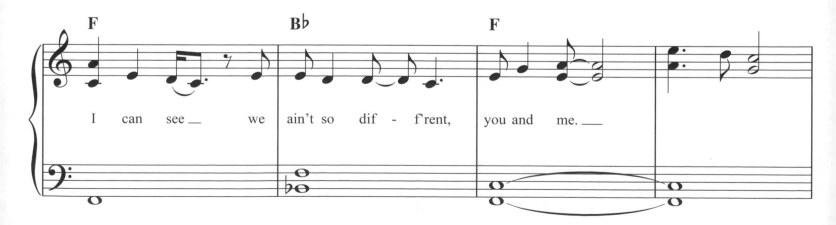

I can see __ we ain't so dif - f'rent, you and me. __

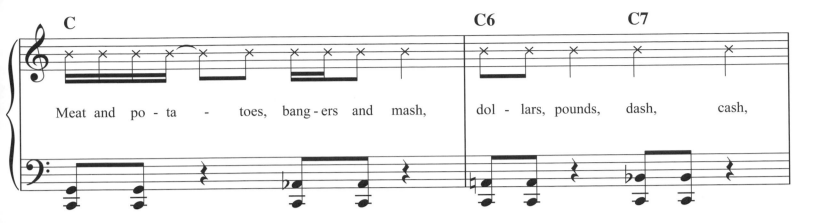

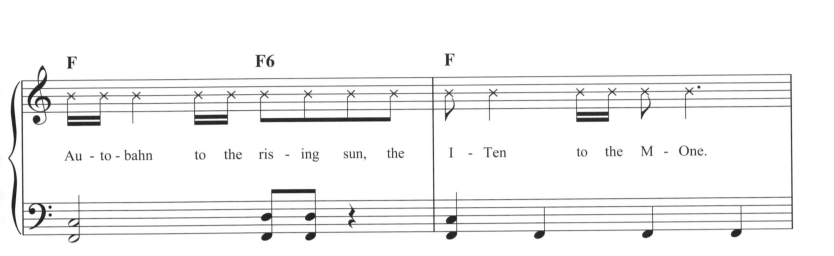

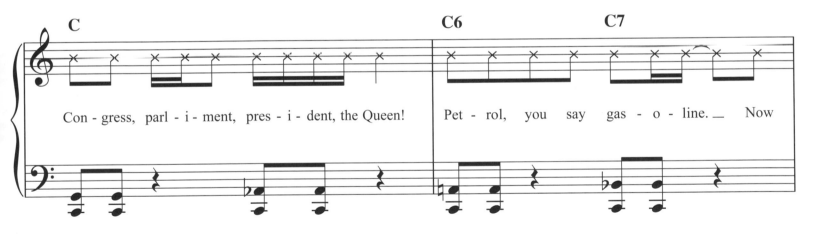

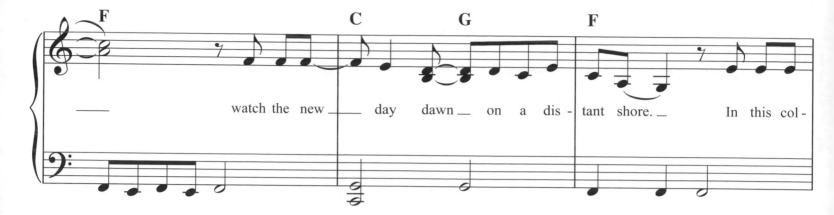

watch the new ___ day dawn ___ on a dis - tant shore. ___ In this col-

li - sion of worlds, _____ oh, you can't sit ___ this

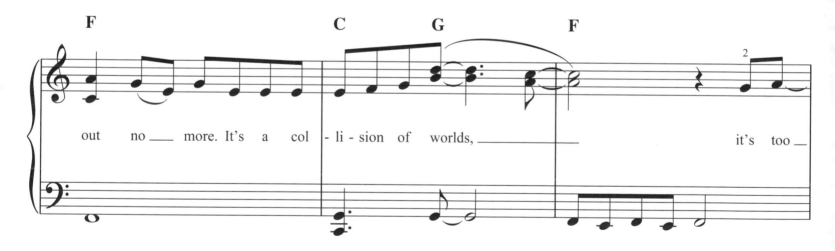

out no ___ more. It's a col - li - sion of worlds, _____ it's too ___

___ late and you ___ can't stop it now. ___ Col - li - sion of worlds, _____

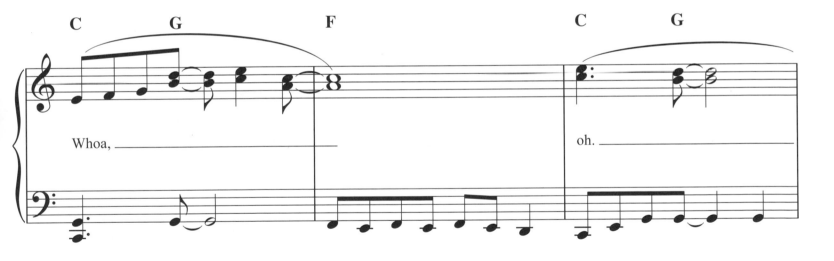

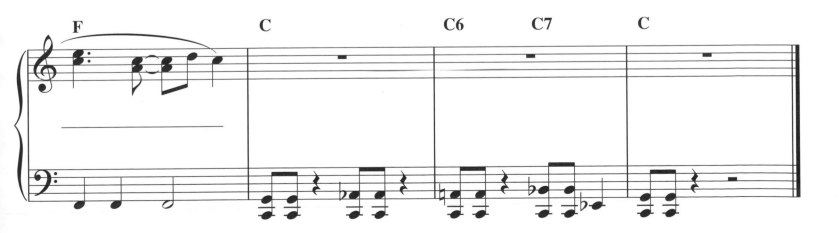

NOBODY'S FOOL
from CARS 2

Words and Music by
BRAD PAISLEY

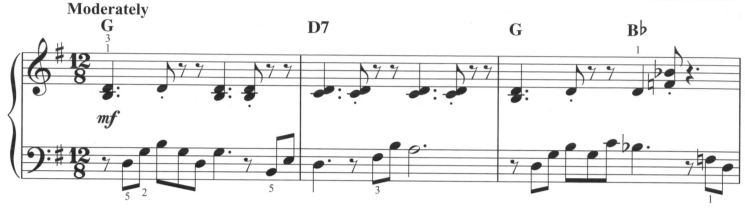

Had the time of my life
Well, you know what they say.

be - fore I could see
The truth sets you free.

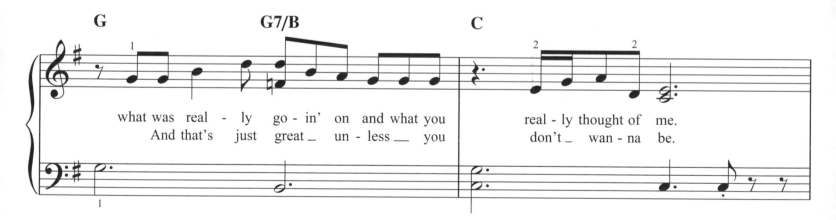

what was real - ly go - in' on and what you
And that's just great __ un - less __ you

real - ly thought of me.
don't __ wan - na be.

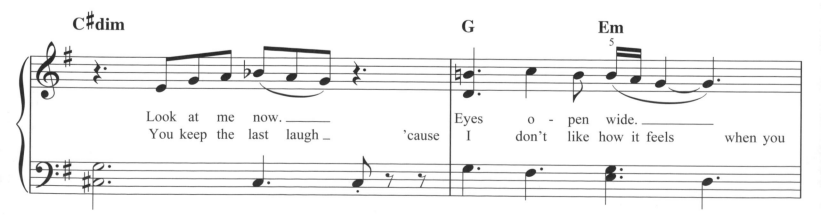

Look at me now. _____
You keep the last laugh __ 'cause

Eyes o - pen wide. _____
I don't like how it feels when you

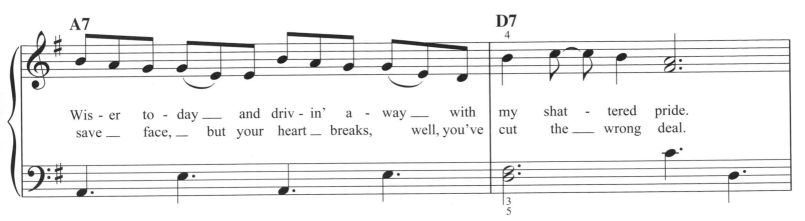

Wis - er to - day ___ and driv - in' a - way ___ with   my   shat - tered pride.
save ___ face, ___ but your heart ___ breaks,   well, you've   cut   the ___ wrong deal.

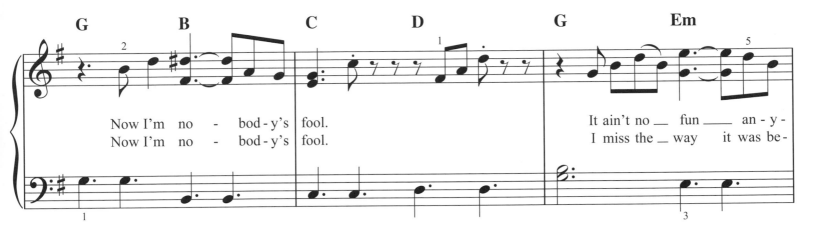

Now I'm no - bod - y's fool.
Now I'm no - bod - y's fool.

It ain't no ___ fun ___ an - y-
I miss the ___ way   it was be-

more.
fore.

'Cause now that I'm no -   bod - y's
Don't wan - na be   no -   bod - y's

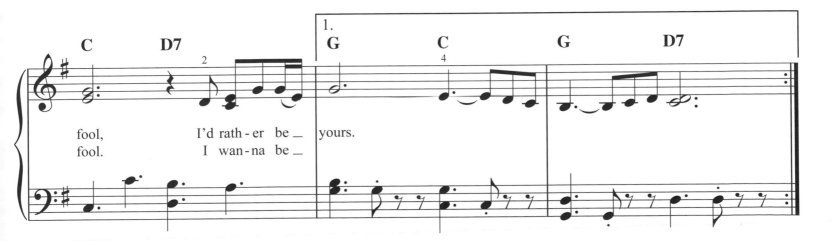

fool,   I'd rath - er be ___ yours.
fool.   I wan - na be ___

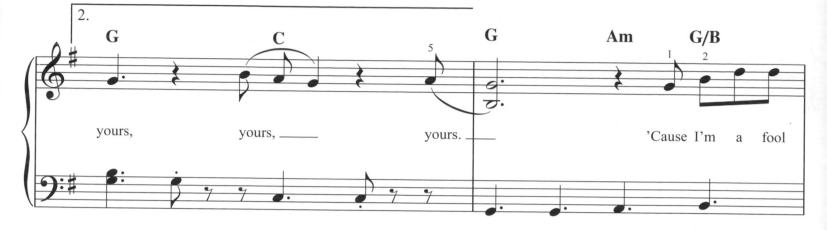

yours,   yours, _____   yours. _____   'Cause I'm a fool

an - y - way, _   wheth - er I   leave or stay.   So, _

why, _ why did I ___ have to run?   I wan - na make you laugh,   I wan - na

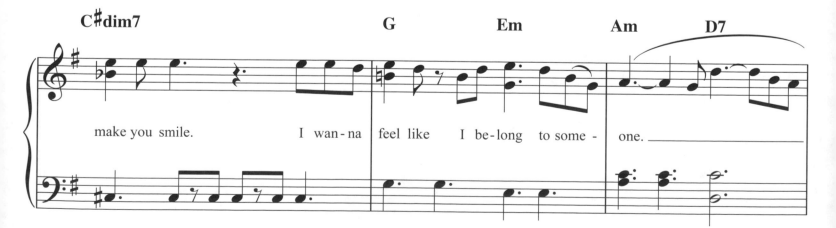

make you smile.   I wan - na feel like I be - long to some - one. _____

YOU MIGHT THINK
featured in CARS 2

Words and Music by
RIC OCASEK

You might think __ I'm cra - zy   to
You might think __ it's hys - ter - i - cal,   but
You might think __ I'm de - lir - i - ous,   the

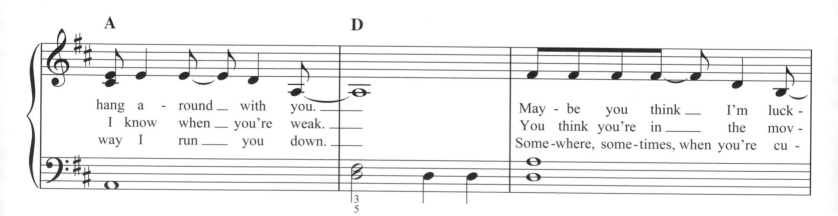

hang a - round __ with you. __
I know when __ you're weak.
way I run __ you down. __

May - be you think __ I'm luck -
You think you're in __ the mov -
Some - where, some - times, when you're cu -

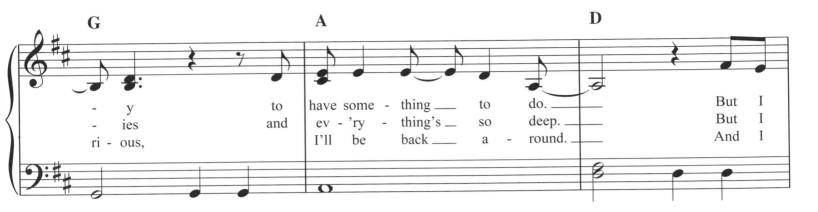

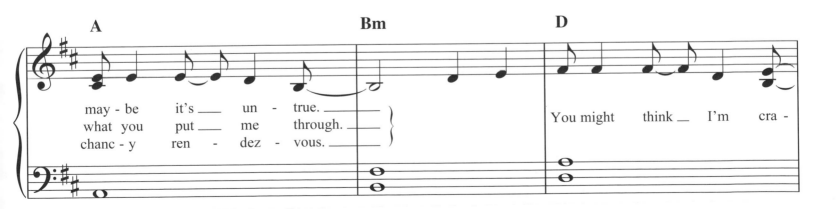

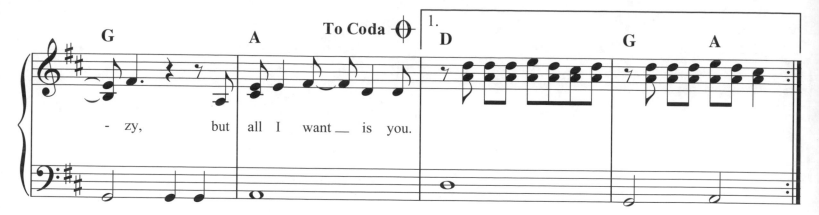

-zy, but all I want __ is you.

And it was hard, so hard __ to take. __

__ There's no es - cape with-out __ a scrape. __

__

(Spoken:)
But you kept it go- ing *till the sun fell down.*

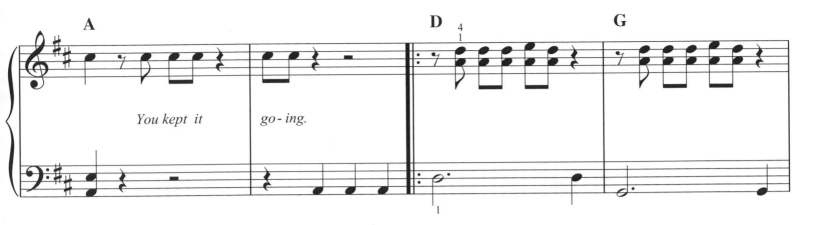

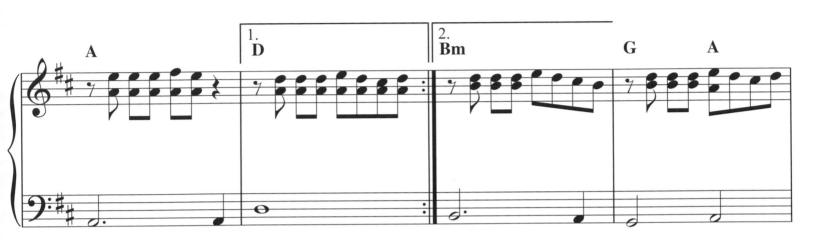

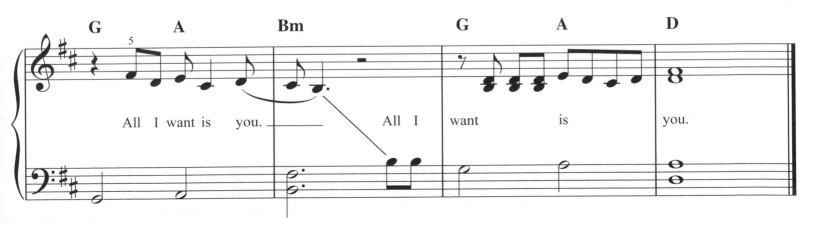

GLORY DAYS

featured in CARS 3

Words and Music by
BRUCE SPRINGSTEEN

Strong Shuffle groove

I had a friend, was a big base - ball play - er

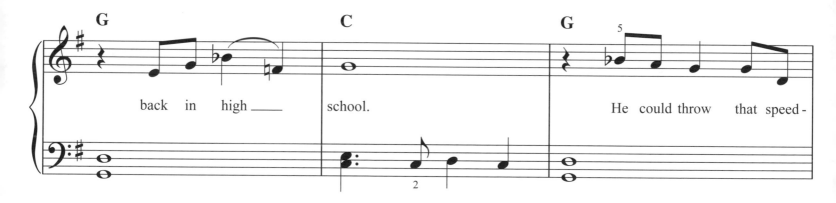

back in high ___ school.   He could throw that speed-

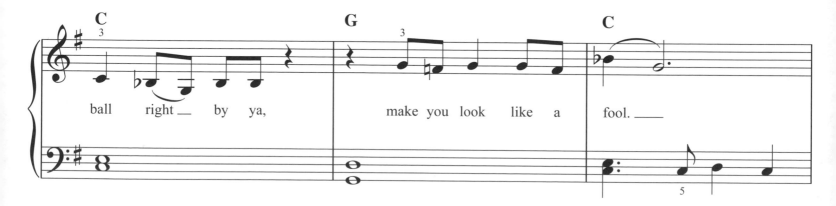

ball right ___ by ya,   make you look like a   fool. ___

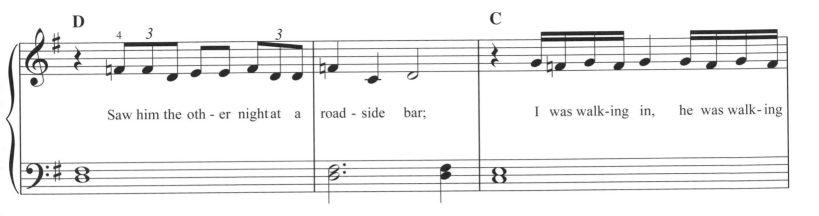

Saw him the oth - er night at a road - side bar; I was walk-ing in, he was walk-ing

out. We went back in- side, sat down, had a few drinks __ but

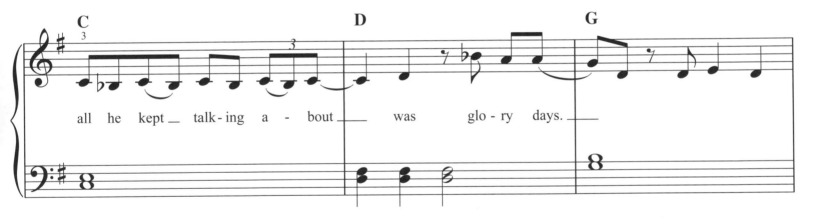

all he kept __ talk - ing a - bout __ was glo - ry days. __

They'll pass you by, glo - ry days, __ in the wink of a young girl's eye. Glo - ry days, __

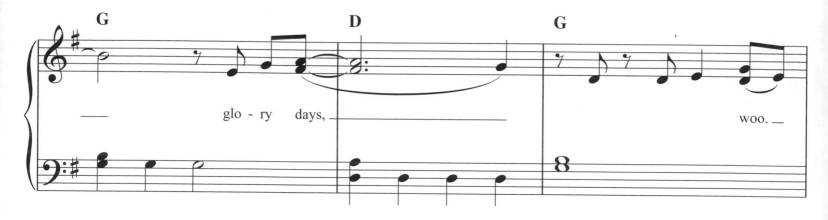

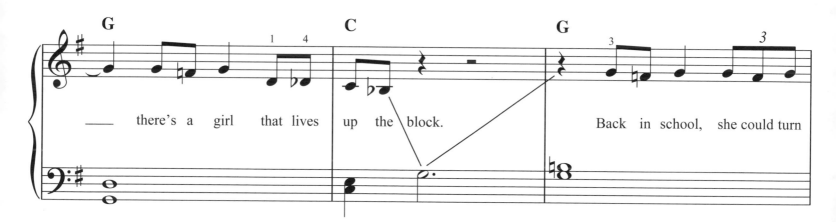

have a few drinks be - fore she put her kids to bed. ____

Oh, her and her hus - band, Bob - by, they ____ split ____ up; I guess ____

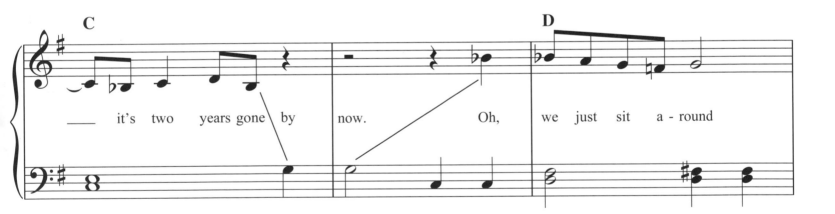

____ it's two years gone by now. Oh, we just sit a - round

talk - in' 'bout the old times. She says when she feels like cry - ing, she starts

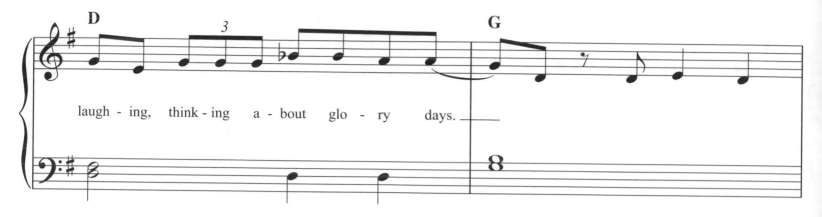

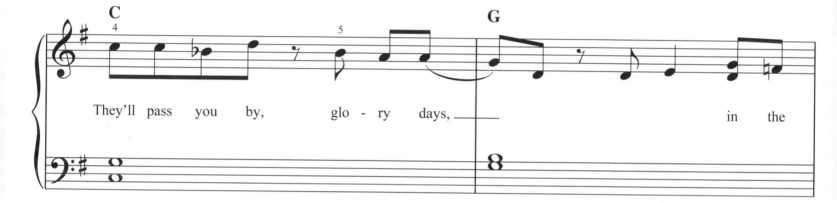

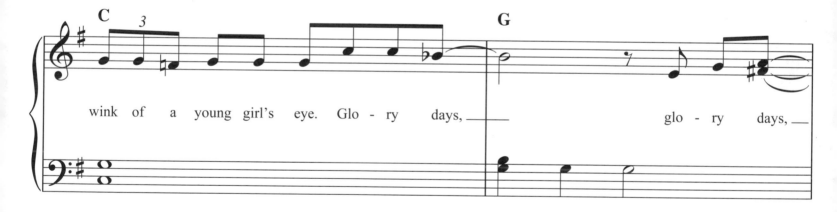

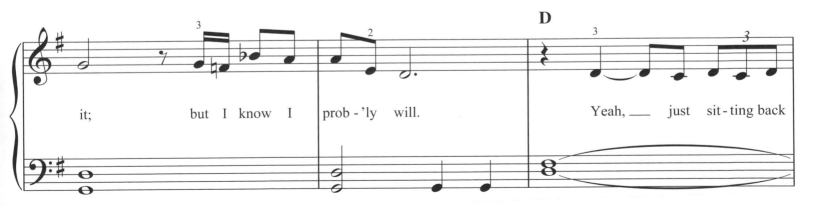

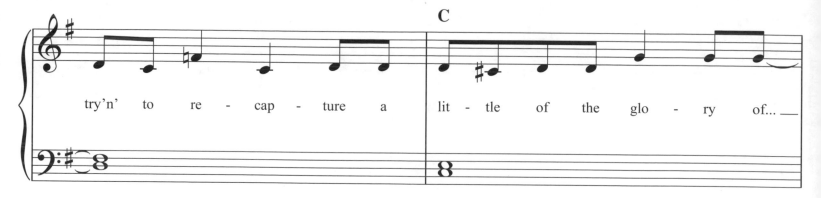

try'n' to re - cap - ture a lit - tle of the glo - ry of... ____

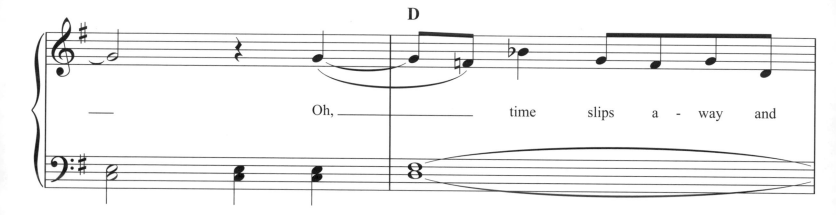

___ Oh, _____ time slips a - way and

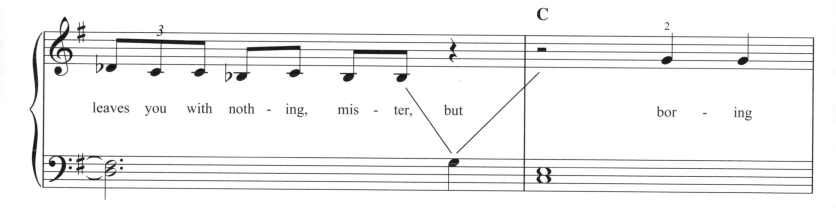

leaves you with noth - ing, mis - ter, but bor - ing

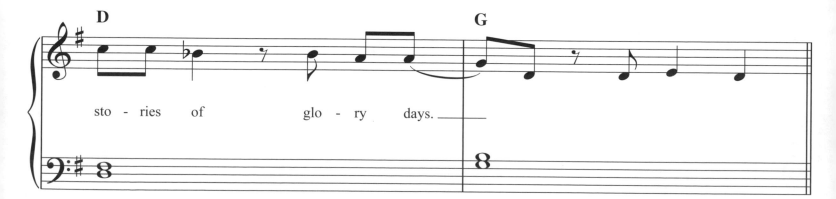

sto - ries of glo - ry days. ____

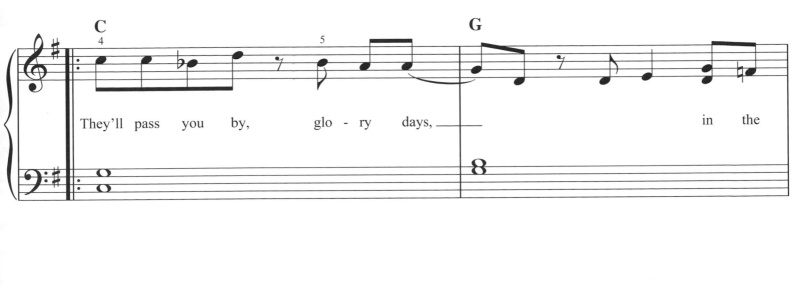

They'll pass you by, glo-ry days, in the

wink of a young girl's eye. Glo-ry days, glo-ry days.

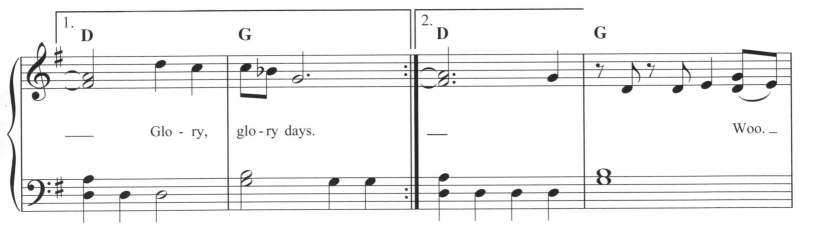

Glo-ry, glo-ry days. Woo.

Woo. Woo.

RIDE
from CARS 3

Words and Music by ZSUZSANNA WARD,
DAVE BASSETT and EVAN BOGART

With a driving beat

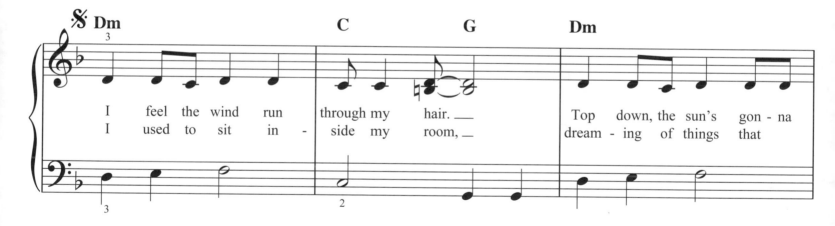

I feel the wind run through my hair. __ Top down, the sun's gon-na
I used to sit in-side my room, __ dream-ing of things that

lead us there. __ Ray Bans and this '6 - 4's all we need. __
I could do. __ Too scared to put my hands on the wheel. __

Don't let your head get in the way. __
Now I'm with you, I can't look back. __

Just let your heart beat wild and brave. __
It's such a rush, we're mov - ing fast. __

O - pen the door, jump
I can't de - ny the

in, turn the key. __
way you make me feel. __

I live my

life out on the edge, __ yeah, I don't stop just 'cause it's red. __ Let's push this

thing, see what we get. _____ (Whoa.) _____ This black pave-

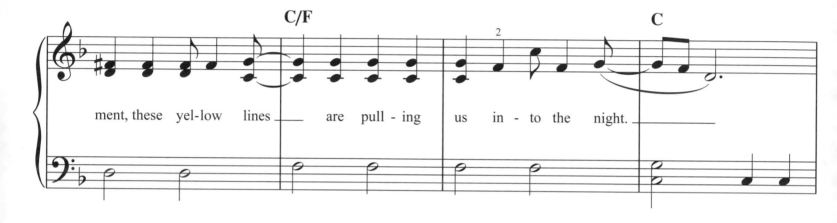

ment, these yel-low lines _____ are pull-ing us in-to the night. _____

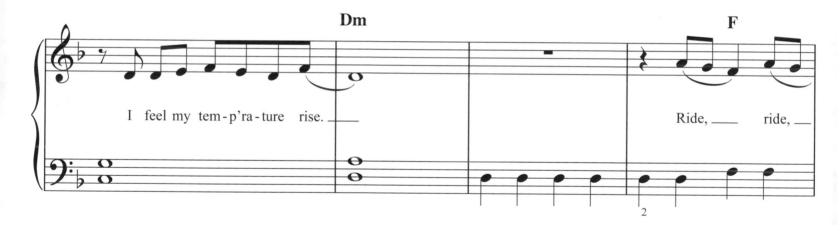

I feel my tem-p'ra-ture rise. _____ Ride, _____ ride, _____

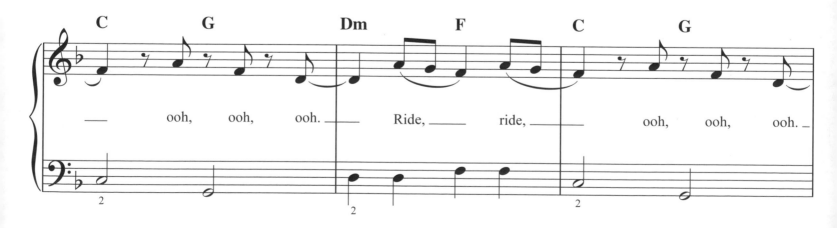

_____ ooh, ooh, ooh. _____ Ride, _____ ride, _____ ooh, ooh, ooh. _____

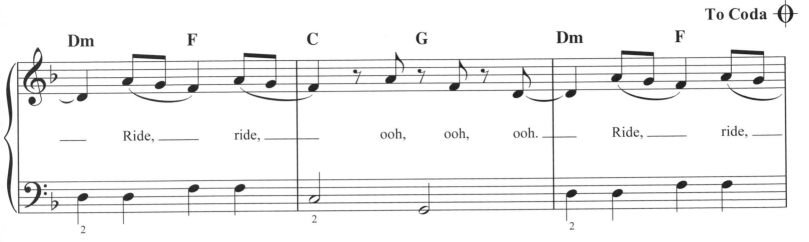

Ride, _____ ride, _____ ooh, ooh, ooh. _____ Ride, _____ ride, _____

_____ yeah, we _____ gon' ride. _

D.S. al Coda

CODA

_____ yeah, we _____ gon' ride. _

Ride, ride, ride. Ped - al to the floor.

Ride, ride, ride. _ What - cha wait - ing for? Ride, ride, ride.

(Ride, ride, ride.) Ped - al to the floor. (Ped - al to the floor.) Ride, ride, ride. _

(Ride, ride, ride.) _ What - cha wait - ing for? I live my

4

RUN THAT RACE

from CARS 3

Words and Music by
DAN AUERBACH

Moderately fast Rock

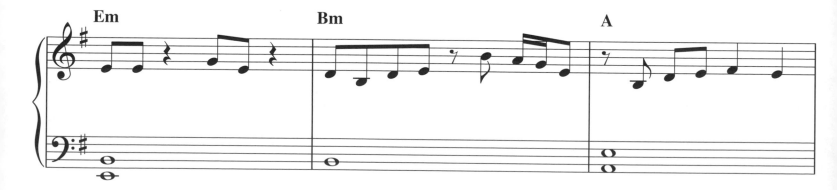

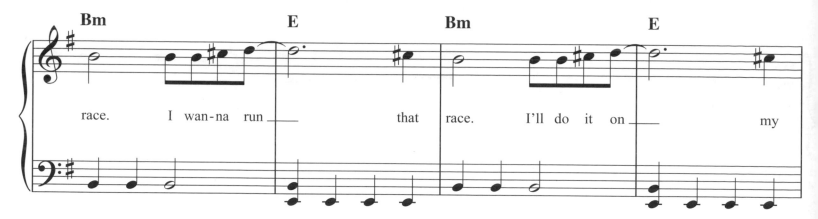

race. I wan-na run ___ that race. I'll do it on ___ my

pace, long as I get ___ to run that race a - gain.

I feel dis-cour-aged and I doubt my - self, ___ but you know you can't blame it on no-

bod - y else. ___ On - ly you know where it is ___ you be - long. ___

Sing a - long: _____ We got - ta run _____ that

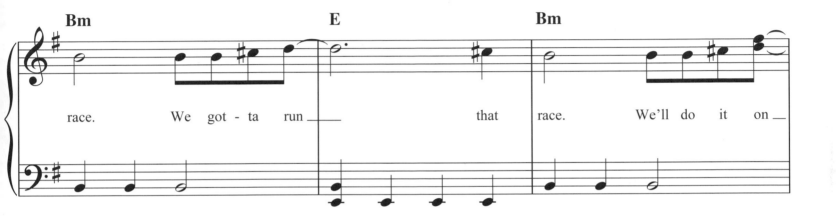

race. We got - ta run _____ that race. We'll do it on _____

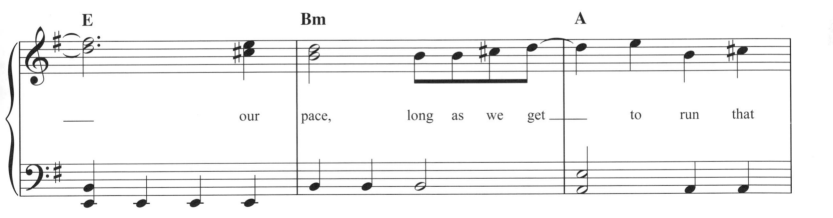

_____ our pace, long as we get _____ to run that

race a - gain. When I lay my head on my pil - low at night, I

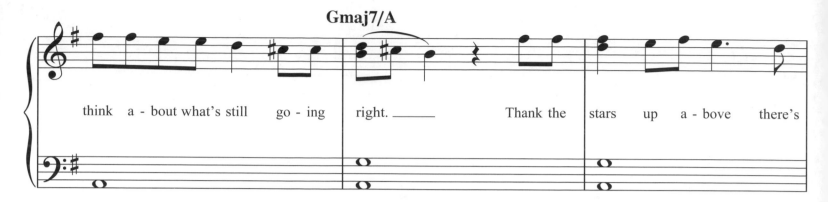

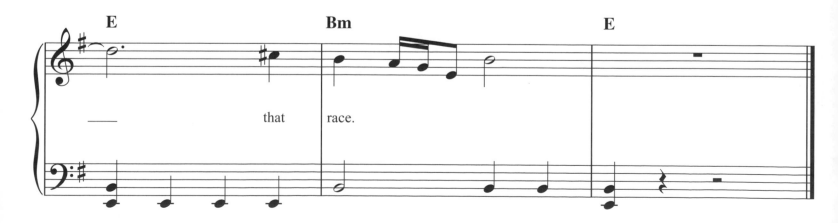